Maria H. Schmiedperger

AF176146

mein Blanko-Kalender

für

besseres und einfacheres
Haushalten

Herstellung und Verlag: BoD – Books on
Demand, Norderstedt
ISBN: 9783755740896

Vorwort und

Anleitung

Mit Hilfe eines einfachen Kalenders lassen sich leicht typische „Geldausgebe-Fallen" aber auch Potentiale in verschiedenster Hinsicht herausfinden.

Vergleichen hilft, den Haushalt und die Ausgaben zu straffen und einen Überblick über Essgewohnheiten zu erkennen.

Vergleichen hilft nicht nur dem Sparen, sondern auch Fallstricke erkennen – für Kinder kann dies spielerisch aufgezogen werden!

Datum:

Heutige Ausgaben:

Ausgegeben wofür:

Heutiges Essen:

Wichtige Notizen:

Datum:

Heutige Ausgaben:

Ausgegeben wofür:

Heutiges Essen:

Wichtige Notizen:

Datum:

Heutige Ausgaben:

Ausgegeben wofür:

Heutiges Essen:

Wichtige Notizen:

Datum:

Heutige Ausgaben:

Ausgegeben wofür:

Heutiges Essen:

Wichtige Notizen:

Datum:

Heutige Ausgaben:

Ausgegeben wofür:

Heutiges Essen:

Wichtige Notizen:

Datum:

Heutige Ausgaben:

Ausgegeben wofür:

Heutiges Essen:

Wichtige Notizen:

Datum:

Heutige Ausgaben:

Ausgegeben wofür:

Heutiges Essen:

Wichtige Notizen:

Datum:

Heutige Ausgaben:

Ausgegeben wofür:

Heutiges Essen:

Wichtige Notizen:

Datum:

Heutige Ausgaben:

Ausgegeben wofür:

Heutiges Essen:

Wichtige Notizen:

Datum:

Heutige Ausgaben:

Ausgegeben wofür:

Heutiges Essen:

Wichtige Notizen:

Datum:

Heutige Ausgaben:

Ausgegeben wofür:

Heutiges Essen:

Wichtige Notizen:

Datum:

Heutige Ausgaben:

Ausgegeben wofür:

Heutiges Essen:

Wichtige Notizen:

Datum:

Heutige Ausgaben:

Ausgegeben wofür:

Heutiges Essen:

Wichtige Notizen:

Datum:

Heutige Ausgaben:

Ausgegeben wofür:

Heutiges Essen:

Wichtige Notizen:

Datum:

_____

Heutige Ausgaben:

_____

Ausgegeben wofür:

_____

Heutiges Essen:

_____

Wichtige Notizen:

Datum:

_____

Heutige Ausgaben:

_____

Ausgegeben wofür:

_____

Heutiges Essen:

_____

Wichtige Notizen:

Datum:

_____

Heutige Ausgaben:

_____

Ausgegeben wofür:

_____

Heutiges Essen:

_____

Wichtige Notizen:

22

Datum:

Heutige Ausgaben:

Ausgegeben wofür:

Heutiges Essen:

Wichtige Notizen:

23

Datum:

Heutige Ausgaben:

Ausgegeben wofür:

Heutiges Essen:

Wichtige Notizen:

Datum:

_____

Heutige Ausgaben:

_____

Ausgegeben wofür:

_____

Heutiges Essen:

_____

Wichtige Notizen:

Datum:

Heutige Ausgaben:

Ausgegeben wofür:

Heutiges Essen:

Wichtige Notizen:

Datum:

_____

Heutige Ausgaben:

_____

Ausgegeben wofür:

_____

Heutiges Essen:

_____

Wichtige Notizen:

Datum:

Heutige Ausgaben:

Ausgegeben wofür:

Heutiges Essen:

Wichtige Notizen:

Datum:

Heutige Ausgaben:

Ausgegeben wofür:

Heutiges Essen:

Wichtige Notizen:

Datum:

Heutige Ausgaben:

Ausgegeben wofür:

Heutiges Essen:

Wichtige Notizen:

Datum:

Heutige Ausgaben:

Ausgegeben wofür:

Heutiges Essen:

Wichtige Notizen:

Datum:

Heutige Ausgaben:

Ausgegeben wofür:

Heutiges Essen:

Wichtige Notizen:

Datum:

Heutige Ausgaben:

Ausgegeben wofür:

Heutiges Essen:

Wichtige Notizen:

Datum:

_____

Heutige Ausgaben:

_____

Ausgegeben wofür:

_____

Heutiges Essen:

_____

Wichtige Notizen:

Datum:

_____

Heutige Ausgaben:

_____

Ausgegeben wofür:

_____

Heutiges Essen:

_____

Wichtige Notizen:

Datum:

Heutige Ausgaben:

Ausgegeben wofür:

Heutiges Essen:

Wichtige Notizen:

Datum:

_____

Heutige Ausgaben:

_____

Ausgegeben wofür:

_____

Heutiges Essen:

_____

Wichtige Notizen:

Datum:

Heutige Ausgaben:

Ausgegeben wofür:

Heutiges Essen:

Wichtige Notizen:

Datum:

Heutige Ausgaben:

Ausgegeben wofür:

Heutiges Essen:

Wichtige Notizen:

Datum:

Heutige Ausgaben:

Ausgegeben wofür:

Heutiges Essen:

Wichtige Notizen:

Datum:

Heutige Ausgaben:

Ausgegeben wofür:

Heutiges Essen:

Wichtige Notizen:

Datum:

Heutige Ausgaben:

Ausgegeben wofür:

Heutiges Essen:

Wichtige Notizen:

Datum:

Heutige Ausgaben:

Ausgegeben wofür:

Heutiges Essen:

Wichtige Notizen:

Datum:

Heutige Ausgaben:

Ausgegeben wofür:

Heutiges Essen:

Wichtige Notizen:

Datum:

_____

Heutige Ausgaben:

_____

Ausgegeben wofür:

_____

Heutiges Essen:

_____

Wichtige Notizen:

Datum:

Heutige Ausgaben:

Ausgegeben wofür:

Heutiges Essen:

Wichtige Notizen:

Datum:

Heutige Ausgaben:

Ausgegeben wofür:

Heutiges Essen:

Wichtige Notizen:

Datum:

Heutige Ausgaben:

Ausgegeben wofür:

Heutiges Essen:

Wichtige Notizen:

Datum:

Heutige Ausgaben:

Ausgegeben wofür:

Heutiges Essen:

Wichtige Notizen:

Datum:

Heutige Ausgaben:

Ausgegeben wofür:

Heutiges Essen:

Wichtige Notizen:

Datum:

Heutige Ausgaben:

Ausgegeben wofür:

Heutiges Essen:

Wichtige Notizen:

Datum:

Heutige Ausgaben:

Ausgegeben wofür:

Heutiges Essen:

Wichtige Notizen:

Datum:

Heutige Ausgaben:

Ausgegeben wofür:

Heutiges Essen:

Wichtige Notizen:

Datum:

Heutige Ausgaben:

Ausgegeben wofür:

Heutiges Essen:

Wichtige Notizen:

Datum:

_____

Heutige Ausgaben:

_____

Ausgegeben wofür:

_____

Heutiges Essen:

_____

Wichtige Notizen:

Datum:

Heutige Ausgaben:

Ausgegeben wofür:

Heutiges Essen:

Wichtige Notizen:

Datum:

Heutige Ausgaben:

Ausgegeben wofür:

Heutiges Essen:

Wichtige Notizen:

Datum:

Heutige Ausgaben:

Ausgegeben wofür:

Heutiges Essen:

Wichtige Notizen:

Datum:

Heutige Ausgaben:

Ausgegeben wofür:

Heutiges Essen:

Wichtige Notizen:

Datum:

Heutige Ausgaben:

Ausgegeben wofür:

Heutiges Essen:

Wichtige Notizen:

Datum:

Heutige Ausgaben:

Ausgegeben wofür:

Heutiges Essen:

Wichtige Notizen:

Datum:

Heutige Ausgaben:

Ausgegeben wofür:

Heutiges Essen:

Wichtige Notizen:

Datum:

Heutige Ausgaben:

Ausgegeben wofür:

Heutiges Essen:

Wichtige Notizen:

Datum:

Heutige Ausgaben:

Ausgegeben wofür:

Heutiges Essen:

Wichtige Notizen:

Datum:

Heutige Ausgaben:

Ausgegeben wofür:

Heutiges Essen:

Wichtige Notizen:

Datum:

Heutige Ausgaben:

Ausgegeben wofür:

Heutiges Essen:

Wichtige Notizen:

Datum:

Heutige Ausgaben:

Ausgegeben wofür:

Heutiges Essen:

Wichtige Notizen:

Datum:

Heutige Ausgaben:

Ausgegeben wofür:

Heutiges Essen:

Wichtige Notizen:

Datum:

Heutige Ausgaben:

Ausgegeben wofür:

Heutiges Essen:

Wichtige Notizen:

Datum:

_____

Heutige Ausgaben:

_____

Ausgegeben wofür:

_____

Heutiges Essen:

_____

Wichtige Notizen:

Datum:

_____

Heutige Ausgaben:

_____

Ausgegeben wofür:

_____

Heutiges Essen:

_____

Wichtige Notizen:

Datum:

Heutige Ausgaben:

Ausgegeben wofür:

Heutiges Essen:

Wichtige Notizen:

Datum:

Heutige Ausgaben:

Ausgegeben wofür:

Heutiges Essen:

Wichtige Notizen:

Datum:

Heutige Ausgaben:

Ausgegeben wofür:

Heutiges Essen:

Wichtige Notizen:

Datum:

Heutige Ausgaben:

Ausgegeben wofür:

Heutiges Essen:

Wichtige Notizen:

Datum:

_____

Heutige Ausgaben:

_____

Ausgegeben wofür:

_____

Heutiges Essen:

_____

Wichtige Notizen:

Datum:

Heutige Ausgaben:

Ausgegeben wofür:

Heutiges Essen:

Wichtige Notizen:

Datum:

Heutige Ausgaben:

Ausgegeben wofür:

Heutiges Essen:

Wichtige Notizen:

Datum:

Heutige Ausgaben:

Ausgegeben wofür:

Heutiges Essen:

Wichtige Notizen:

Datum:

Heutige Ausgaben:

Ausgegeben wofür:

Heutiges Essen:

Wichtige Notizen:

Datum:

Heutige Ausgaben:

Ausgegeben wofür:

Heutiges Essen:

Wichtige Notizen:

Datum:

Heutige Ausgaben:

Ausgegeben wofür:

Heutiges Essen:

Wichtige Notizen:

Datum:

Heutige Ausgaben:

Ausgegeben wofür:

Heutiges Essen:

Wichtige Notizen:

Datum:

Heutige Ausgaben:

Ausgegeben wofür:

Heutiges Essen:

Wichtige Notizen:

Datum:

Heutige Ausgaben:

Ausgegeben wofür:

Heutiges Essen:

Wichtige Notizen:

Datum:

Heutige Ausgaben:

Ausgegeben wofür:

Heutiges Essen:

Wichtige Notizen:

Datum:

Heutige Ausgaben:

Ausgegeben wofür:

Heutiges Essen:

Wichtige Notizen:

Datum:

Heutige Ausgaben:

Ausgegeben wofür:

Heutiges Essen:

Wichtige Notizen:

Datum:

Heutige Ausgaben:

Ausgegeben wofür:

Heutiges Essen:

Wichtige Notizen:

Datum:

Heutige Ausgaben:

Ausgegeben wofür:

Heutiges Essen:

Wichtige Notizen:

Datum:

Heutige Ausgaben:

Ausgegeben wofür:

Heutiges Essen:

Wichtige Notizen:

Datum:

Heutige Ausgaben:

Ausgegeben wofür:

Heutiges Essen:

Wichtige Notizen:

Datum:

_____

Heutige Ausgaben:

_____

Ausgegeben wofür:

_____

Heutiges Essen:

_____

Wichtige Notizen:

Datum:

Heutige Ausgaben:

Ausgegeben wofür:

Heutiges Essen:

Wichtige Notizen:

Datum:

Heutige Ausgaben:

Ausgegeben wofür:

Heutiges Essen:

Wichtige Notizen:

Datum:

Heutige Ausgaben:

Ausgegeben wofür:

Heutiges Essen:

Wichtige Notizen:

Datum:

Heutige Ausgaben:

Ausgegeben wofür:

Heutiges Essen:

Wichtige Notizen:

Datum:

Heutige Ausgaben:

Ausgegeben wofür:

Heutiges Essen:

Wichtige Notizen:

Datum:

Heutige Ausgaben:

Ausgegeben wofür:

Heutiges Essen:

Wichtige Notizen:

Datum:

Heutige Ausgaben:

Ausgegeben wofür:

Heutiges Essen:

Wichtige Notizen:

Datum:

Heutige Ausgaben:

Ausgegeben wofür:

Heutiges Essen:

Wichtige Notizen:

Datum:

Heutige Ausgaben:

Ausgegeben wofür:

Heutiges Essen:

Wichtige Notizen:

Datum:

Heutige Ausgaben:

Ausgegeben wofür:

Heutiges Essen:

Wichtige Notizen:

Datum:

Heutige Ausgaben:

Ausgegeben wofür:

Heutiges Essen:

Wichtige Notizen:

Datum:

Heutige Ausgaben:

Ausgegeben wofür:

Heutiges Essen:

Wichtige Notizen:

Datum:

Heutige Ausgaben:

Ausgegeben wofür:

Heutiges Essen:

Wichtige Notizen:

Datum:

Heutige Ausgaben:

Ausgegeben wofür:

Heutiges Essen:

Wichtige Notizen:

Datum:

Heutige Ausgaben:

Ausgegeben wofür:

Heutiges Essen:

Wichtige Notizen:

Datum:

Heutige Ausgaben:

Ausgegeben wofür:

Heutiges Essen:

Wichtige Notizen:

Datum:

Heutige Ausgaben:

Ausgegeben wofür:

Heutiges Essen:

Wichtige Notizen:

Datum:

Heutige Ausgaben:

Ausgegeben wofür:

Heutiges Essen:

Wichtige Notizen:

Datum:

Heutige Ausgaben:

Ausgegeben wofür:

Heutiges Essen:

Wichtige Notizen:

Datum:

Heutige Ausgaben:

Ausgegeben wofür:

Heutiges Essen:

Wichtige Notizen:

Datum:

Heutige Ausgaben:

Ausgegeben wofür:

Heutiges Essen:

Wichtige Notizen:

Datum:

Heutige Ausgaben:

Ausgegeben wofür:

Heutiges Essen:

Wichtige Notizen:

Datum:

Heutige Ausgaben:

Ausgegeben wofür:

Heutiges Essen:

Wichtige Notizen:

Datum:

Heutige Ausgaben:

Ausgegeben wofür:

Heutiges Essen:

Wichtige Notizen:

Datum:

Heutige Ausgaben:

Ausgegeben wofür:

Heutiges Essen:

Wichtige Notizen:

Datum:

Heutige Ausgaben:

Ausgegeben wofür:

Heutiges Essen:

Wichtige Notizen:

Datum:

Heutige Ausgaben:

Ausgegeben wofür:

Heutiges Essen:

Wichtige Notizen:

Datum:

Heutige Ausgaben:

Ausgegeben wofür:

Heutiges Essen:

Wichtige Notizen:

Datum:

Heutige Ausgaben:

Ausgegeben wofür:

Heutiges Essen:

Wichtige Notizen:

Datum:

Heutige Ausgaben:

Ausgegeben wofür:

Heutiges Essen:

Wichtige Notizen:

Datum:

Heutige Ausgaben:

Ausgegeben wofür:

Heutiges Essen:

Wichtige Notizen:

Datum:

Heutige Ausgaben:

Ausgegeben wofür:

Heutiges Essen:

Wichtige Notizen:

Datum:

Heutige Ausgaben:

Ausgegeben wofür:

Heutiges Essen:

Wichtige Notizen:

Datum:

Heutige Ausgaben:

Ausgegeben wofür:

Heutiges Essen:

Wichtige Notizen:

Datum:

Heutige Ausgaben:

Ausgegeben wofür:

Heutiges Essen:

Wichtige Notizen:

Datum:

Heutige Ausgaben:

Ausgegeben wofür:

Heutiges Essen:

Wichtige Notizen:

Datum:

Heutige Ausgaben:

Ausgegeben wofür:

Heutiges Essen:

Wichtige Notizen:

Datum:

Heutige Ausgaben:

Ausgegeben wofür:

Heutiges Essen:

Wichtige Notizen:

Datum:

Heutige Ausgaben:

Ausgegeben wofür:

Heutiges Essen:

Wichtige Notizen:

Datum:

Heutige Ausgaben:

Ausgegeben wofür:

Heutiges Essen:

Wichtige Notizen:

Datum:

Heutige Ausgaben:

Ausgegeben wofür:

Heutiges Essen:

Wichtige Notizen:

Datum:

Heutige Ausgaben:

Ausgegeben wofür:

Heutiges Essen:

Wichtige Notizen:

Datum:

Heutige Ausgaben:

Ausgegeben wofür:

Heutiges Essen:

Wichtige Notizen:

Datum:

Heutige Ausgaben:

Ausgegeben wofür:

Heutiges Essen:

Wichtige Notizen:

Datum:

Heutige Ausgaben:

Ausgegeben wofür:

Heutiges Essen:

Wichtige Notizen:

Datum:

Heutige Ausgaben:

Ausgegeben wofür:

Heutiges Essen:

Wichtige Notizen:

Datum:

Heutige Ausgaben:

Ausgegeben wofür:

Heutiges Essen:

Wichtige Notizen:

Datum:

Heutige Ausgaben:

Ausgegeben wofür:

Heutiges Essen:

Wichtige Notizen:

Datum:

Heutige Ausgaben:

Ausgegeben wofür:

Heutiges Essen:

Wichtige Notizen:

Datum:

Heutige Ausgaben:

Ausgegeben wofür:

Heutiges Essen:

Wichtige Notizen:

Datum:

Heutige Ausgaben:

Ausgegeben wofür:

Heutiges Essen:

Wichtige Notizen:

Datum:

Heutige Ausgaben:

Ausgegeben wofür:

Heutiges Essen:

Wichtige Notizen:

Datum:

Heutige Ausgaben:

Ausgegeben wofür:

Heutiges Essen:

Wichtige Notizen:

Datum:

Heutige Ausgaben:

Ausgegeben wofür:

Heutiges Essen:

Wichtige Notizen:

Datum:

Heutige Ausgaben:

Ausgegeben wofür:

Heutiges Essen:

Wichtige Notizen:

Datum:

Heutige Ausgaben:

Ausgegeben wofür:

Heutiges Essen:

Wichtige Notizen:

Datum:

Heutige Ausgaben:

Ausgegeben wofür:

Heutiges Essen:

Wichtige Notizen:

Datum:

Heutige Ausgaben:

Ausgegeben wofür:

Heutiges Essen:

Wichtige Notizen:

Datum:

Heutige Ausgaben:

Ausgegeben wofür:

Heutiges Essen:

Wichtige Notizen:

Datum:

Heutige Ausgaben:

Ausgegeben wofür:

Heutiges Essen:

Wichtige Notizen:

Datum:

Heutige Ausgaben:

Ausgegeben wofür:

Heutiges Essen:

Wichtige Notizen:

Datum:

Heutige Ausgaben:

Ausgegeben wofür:

Heutiges Essen:

Wichtige Notizen:

Datum:

Heutige Ausgaben:

Ausgegeben wofür:

Heutiges Essen:

Wichtige Notizen:

Datum:

_____

Heutige Ausgaben:

_____

Ausgegeben wofür:

_____

Heutiges Essen:

_____

Wichtige Notizen:

Datum:

Heutige Ausgaben:

Ausgegeben wofür:

Heutiges Essen:

Wichtige Notizen:

Datum:

Heutige Ausgaben:

Ausgegeben wofür:

Heutiges Essen:

Wichtige Notizen:

Datum:

Heutige Ausgaben:

Ausgegeben wofür:

Heutiges Essen:

Wichtige Notizen:

Datum:

Heutige Ausgaben:

Ausgegeben wofür:

Heutiges Essen:

Wichtige Notizen:

Datum:

Heutige Ausgaben:

Ausgegeben wofür:

Heutiges Essen:

Wichtige Notizen:

Datum:

Heutige Ausgaben:

Ausgegeben wofür:

Heutiges Essen:

Wichtige Notizen:

Datum:

Heutige Ausgaben:

Ausgegeben wofür:

Heutiges Essen:

Wichtige Notizen:

Datum:

Heutige Ausgaben:

Ausgegeben wofür:

Heutiges Essen:

Wichtige Notizen:

Datum:

Heutige Ausgaben:

Ausgegeben wofür:

Heutiges Essen:

Wichtige Notizen:

166

Datum:

Heutige Ausgaben:

Ausgegeben wofür:

Heutiges Essen:

Wichtige Notizen:

Datum:

Heutige Ausgaben:

Ausgegeben wofür:

Heutiges Essen:

Wichtige Notizen:

Datum:

Heutige Ausgaben:

Ausgegeben wofür:

Heutiges Essen:

Wichtige Notizen:

Datum:

Heutige Ausgaben:

Ausgegeben wofür:

Heutiges Essen:

Wichtige Notizen:

Datum:

Heutige Ausgaben:

Ausgegeben wofür:

Heutiges Essen:

Wichtige Notizen:

Datum:

Heutige Ausgaben:

Ausgegeben wofür:

Heutiges Essen:

Wichtige Notizen:

Datum:

Heutige Ausgaben:

Ausgegeben wofür:

Heutiges Essen:

Wichtige Notizen:

Datum:

Heutige Ausgaben:

Ausgegeben wofür:

Heutiges Essen:

Wichtige Notizen:

174

Datum:

Heutige Ausgaben:

Ausgegeben wofür:

Heutiges Essen:

Wichtige Notizen:

Datum:

Heutige Ausgaben:

Ausgegeben wofür:

Heutiges Essen:

Wichtige Notizen:

Datum:

_____

Heutige Ausgaben:

_____

Ausgegeben wofür:

_____

Heutiges Essen:

_____

Wichtige Notizen:

Datum:

Heutige Ausgaben:

Ausgegeben wofür:

Heutiges Essen:

Wichtige Notizen:

178

Datum:

Heutige Ausgaben:

Ausgegeben wofür:

Heutiges Essen:

Wichtige Notizen:

Datum:

Heutige Ausgaben:

Ausgegeben wofür:

Heutiges Essen:

Wichtige Notizen:

Datum:

Heutige Ausgaben:

Ausgegeben wofür:

Heutiges Essen:

Wichtige Notizen:

Datum:

Heutige Ausgaben:

Ausgegeben wofür:

Heutiges Essen:

Wichtige Notizen:

Datum:

Heutige Ausgaben:

Ausgegeben wofür:

Heutiges Essen:

Wichtige Notizen:

Datum:

Heutige Ausgaben:

Ausgegeben wofür:

Heutiges Essen:

Wichtige Notizen:

Datum:

_____

Heutige Ausgaben:

_____

Ausgegeben wofür:

_____

Heutiges Essen:

_____

Wichtige Notizen:

Datum:

Heutige Ausgaben:

Ausgegeben wofür:

Heutiges Essen:

Wichtige Notizen:

Datum:

Heutige Ausgaben:

Ausgegeben wofür:

Heutiges Essen:

Wichtige Notizen:

Datum:

Heutige Ausgaben:

Ausgegeben wofür:

Heutiges Essen:

Wichtige Notizen:

Datum:

Heutige Ausgaben:

Ausgegeben wofür:

Heutiges Essen:

Wichtige Notizen:

Datum:

Heutige Ausgaben:

Ausgegeben wofür:

Heutiges Essen:

Wichtige Notizen:

Datum:

_____

Heutige Ausgaben:

_____

Ausgegeben wofür:

_____

Heutiges Essen:

_____

Wichtige Notizen:

Datum:

Heutige Ausgaben:

Ausgegeben wofür:

Heutiges Essen:

Wichtige Notizen:

Datum:

Heutige Ausgaben:

Ausgegeben wofür:

Heutiges Essen:

Wichtige Notizen:

Datum:

Heutige Ausgaben:

Ausgegeben wofür:

Heutiges Essen:

Wichtige Notizen:

Datum:

Heutige Ausgaben:

Ausgegeben wofür:

Heutiges Essen:

Wichtige Notizen:

Datum:

Heutige Ausgaben:

Ausgegeben wofür:

Heutiges Essen:

Wichtige Notizen:

Datum:

Heutige Ausgaben:

Ausgegeben wofür:

Heutiges Essen:

Wichtige Notizen:

Datum:

Heutige Ausgaben:

Ausgegeben wofür:

Heutiges Essen:

Wichtige Notizen:

Datum:

Heutige Ausgaben:

Ausgegeben wofür:

Heutiges Essen:

Wichtige Notizen:

Datum:

Heutige Ausgaben:

Ausgegeben wofür:

Heutiges Essen:

Wichtige Notizen:

Datum:

Heutige Ausgaben:

Ausgegeben wofür:

Heutiges Essen:

Wichtige Notizen:

Datum:

Heutige Ausgaben:

Ausgegeben wofür:

Heutiges Essen:

Wichtige Notizen:

Datum:

Heutige Ausgaben:

Ausgegeben wofür:

Heutiges Essen:

Wichtige Notizen:

Datum:

Heutige Ausgaben:

Ausgegeben wofür:

Heutiges Essen:

Wichtige Notizen:

Datum:

_____

Heutige Ausgaben:

_____

Ausgegeben wofür:

_____

Heutiges Essen:

_____

Wichtige Notizen:

205

Datum:

Heutige Ausgaben:

Ausgegeben wofür:

Heutiges Essen:

Wichtige Notizen:

Datum:

Heutige Ausgaben:

Ausgegeben wofür:

Heutiges Essen:

Wichtige Notizen:

Datum:

Heutige Ausgaben:

Ausgegeben wofür:

Heutiges Essen:

Wichtige Notizen:

Datum:

Heutige Ausgaben:

Ausgegeben wofür:

Heutiges Essen:

Wichtige Notizen:

Datum:

Heutige Ausgaben:

Ausgegeben wofür:

Heutiges Essen:

Wichtige Notizen:

Datum:

Heutige Ausgaben:

Ausgegeben wofür:

Heutiges Essen:

Wichtige Notizen:

Datum:

Heutige Ausgaben:

Ausgegeben wofür:

Heutiges Essen:

Wichtige Notizen:

Datum:

Heutige Ausgaben:

Ausgegeben wofür:

Heutiges Essen:

Wichtige Notizen:

Datum:

Heutige Ausgaben:

Ausgegeben wofür:

Heutiges Essen:

Wichtige Notizen:

Datum:

Heutige Ausgaben:

Ausgegeben wofür:

Heutiges Essen:

Wichtige Notizen:

Datum:

Heutige Ausgaben:

Ausgegeben wofür:

Heutiges Essen:

Wichtige Notizen:

Datum:

Heutige Ausgaben:

Ausgegeben wofür:

Heutiges Essen:

Wichtige Notizen:

Datum:

Heutige Ausgaben:

Ausgegeben wofür:

Heutiges Essen:

Wichtige Notizen:

Datum:

_____

Heutige Ausgaben:

_____

Ausgegeben wofür:

_____

Heutiges Essen:

_____

Wichtige Notizen:

Datum:

Heutige Ausgaben:

Ausgegeben wofür:

Heutiges Essen:

Wichtige Notizen:

Datum:

Heutige Ausgaben:

Ausgegeben wofür:

Heutiges Essen:

Wichtige Notizen:

Datum:

Heutige Ausgaben:

Ausgegeben wofür:

Heutiges Essen:

Wichtige Notizen:

Datum:

Heutige Ausgaben:

Ausgegeben wofür:

Heutiges Essen:

Wichtige Notizen:

Datum:

Heutige Ausgaben:

Ausgegeben wofür:

Heutiges Essen:

Wichtige Notizen:

Datum:

Heutige Ausgaben:

Ausgegeben wofür:

Heutiges Essen:

Wichtige Notizen:

Datum:

Heutige Ausgaben:

Ausgegeben wofür:

Heutiges Essen:

Wichtige Notizen:

Datum:

Heutige Ausgaben:

Ausgegeben wofür:

Heutiges Essen:

Wichtige Notizen:

227

Datum:

Heutige Ausgaben:

Ausgegeben wofür:

Heutiges Essen:

Wichtige Notizen:

Datum:

Heutige Ausgaben:

Ausgegeben wofür:

Heutiges Essen:

Wichtige Notizen:

Datum:

Heutige Ausgaben:

Ausgegeben wofür:

Heutiges Essen:

Wichtige Notizen:

Datum:

Heutige Ausgaben:

Ausgegeben wofür:

Heutiges Essen:

Wichtige Notizen:

Datum:

Heutige Ausgaben:

Ausgegeben wofür:

Heutiges Essen:

Wichtige Notizen:

Datum:

Heutige Ausgaben:

Ausgegeben wofür:

Heutiges Essen:

Wichtige Notizen:

Datum:

Heutige Ausgaben:

Ausgegeben wofür:

Heutiges Essen:

Wichtige Notizen:

Datum:

Heutige Ausgaben:

Ausgegeben wofür:

Heutiges Essen:

Wichtige Notizen:

Datum:

Heutige Ausgaben:

Ausgegeben wofür:

Heutiges Essen:

Wichtige Notizen:

Datum:

Heutige Ausgaben:

Ausgegeben wofür:

Heutiges Essen:

Wichtige Notizen:

Datum:

Heutige Ausgaben:

Ausgegeben wofür:

Heutiges Essen:

Wichtige Notizen:

Datum:

Heutige Ausgaben:

Ausgegeben wofür:

Heutiges Essen:

Wichtige Notizen:

Datum:

Heutige Ausgaben:

Ausgegeben wofür:

Heutiges Essen:

Wichtige Notizen:

Datum:

Heutige Ausgaben:

Ausgegeben wofür:

Heutiges Essen:

Wichtige Notizen:

Datum:

Heutige Ausgaben:

Ausgegeben wofür:

Heutiges Essen:

Wichtige Notizen:

Datum:

Heutige Ausgaben:

Ausgegeben wofür:

Heutiges Essen:

Wichtige Notizen:

Datum:

Heutige Ausgaben:

Ausgegeben wofür:

Heutiges Essen:

Wichtige Notizen:

Datum:

Heutige Ausgaben:

Ausgegeben wofür:

Heutiges Essen:

Wichtige Notizen:

Datum:

Heutige Ausgaben:

Ausgegeben wofür:

Heutiges Essen:

Wichtige Notizen:

Datum:

Heutige Ausgaben:

Ausgegeben wofür:

Heutiges Essen:

Wichtige Notizen:

Datum:

Heutige Ausgaben:

Ausgegeben wofür:

Heutiges Essen:

Wichtige Notizen:

Datum:

Heutige Ausgaben:

Ausgegeben wofür:

Heutiges Essen:

Wichtige Notizen:

Datum:

Heutige Ausgaben:

Ausgegeben wofür:

Heutiges Essen:

Wichtige Notizen:

Datum:

Heutige Ausgaben:

Ausgegeben wofür:

Heutiges Essen:

Wichtige Notizen:

Datum:

Heutige Ausgaben:

Ausgegeben wofür:

Heutiges Essen:

Wichtige Notizen:

Datum:

Heutige Ausgaben:

Ausgegeben wofür:

Heutiges Essen:

Wichtige Notizen:

Datum:

Heutige Ausgaben:

Ausgegeben wofür:

Heutiges Essen:

Wichtige Notizen:

Datum:

Heutige Ausgaben:

Ausgegeben wofür:

Heutiges Essen:

Wichtige Notizen:

Datum:

Heutige Ausgaben:

Ausgegeben wofür:

Heutiges Essen:

Wichtige Notizen:

Datum:

_____

Heutige Ausgaben:

_____

Ausgegeben wofür:

_____

Heutiges Essen:

_____

Wichtige Notizen:

257

Datum:

Heutige Ausgaben:

Ausgegeben wofür:

Heutiges Essen:

Wichtige Notizen:

Datum:

_____

Heutige Ausgaben:

_____

Ausgegeben wofür:

_____

Heutiges Essen:

_____

Wichtige Notizen:

Datum:

Heutige Ausgaben:

Ausgegeben wofür:

Heutiges Essen:

Wichtige Notizen:

Datum:

Heutige Ausgaben:

Ausgegeben wofür:

Heutiges Essen:

Wichtige Notizen:

Datum:

Heutige Ausgaben:

Ausgegeben wofür:

Heutiges Essen:

Wichtige Notizen:

Datum:

Heutige Ausgaben:

Ausgegeben wofür:

Heutiges Essen:

Wichtige Notizen:

Datum:

Heutige Ausgaben:

Ausgegeben wofür:

Heutiges Essen:

Wichtige Notizen:

Datum:

Heutige Ausgaben:

Ausgegeben wofür:

Heutiges Essen:

Wichtige Notizen:

Datum:

Heutige Ausgaben:

Ausgegeben wofür:

Heutiges Essen:

Wichtige Notizen:

Datum:

Heutige Ausgaben:

Ausgegeben wofür:

Heutiges Essen:

Wichtige Notizen:

Datum:

Heutige Ausgaben:

Ausgegeben wofür:

Heutiges Essen:

Wichtige Notizen:

Datum:

_____

Heutige Ausgaben:

_____

Ausgegeben wofür:

_____

Heutiges Essen:

_____

Wichtige Notizen:

Datum:

Heutige Ausgaben:

Ausgegeben wofür:

Heutiges Essen:

Wichtige Notizen:

Datum:

Heutige Ausgaben:

Ausgegeben wofür:

Heutiges Essen:

Wichtige Notizen:

Datum:

Heutige Ausgaben:

Ausgegeben wofür:

Heutiges Essen:

Wichtige Notizen:

Datum:

Heutige Ausgaben:

Ausgegeben wofür:

Heutiges Essen:

Wichtige Notizen:

Datum:

Heutige Ausgaben:

Ausgegeben wofür:

Heutiges Essen:

Wichtige Notizen:

Datum:

Heutige Ausgaben:

Ausgegeben wofür:

Heutiges Essen:

Wichtige Notizen:

Datum:

Heutige Ausgaben:

Ausgegeben wofür:

Heutiges Essen:

Wichtige Notizen:

Datum:

Heutige Ausgaben:

Ausgegeben wofür:

Heutiges Essen:

Wichtige Notizen:

Datum:

Heutige Ausgaben:

Ausgegeben wofür:

Heutiges Essen:

Wichtige Notizen:

Datum:

Heutige Ausgaben:

Ausgegeben wofür:

Heutiges Essen:

Wichtige Notizen:

Datum:

Heutige Ausgaben:

Ausgegeben wofür:

Heutiges Essen:

Wichtige Notizen:

Datum:

Heutige Ausgaben:

Ausgegeben wofür:

Heutiges Essen:

Wichtige Notizen:

Datum:

Heutige Ausgaben:

Ausgegeben wofür:

Heutiges Essen:

Wichtige Notizen:

Datum:

Heutige Ausgaben:

Ausgegeben wofür:

Heutiges Essen:

Wichtige Notizen:

Datum:

Heutige Ausgaben:

Ausgegeben wofür:

Heutiges Essen:

Wichtige Notizen:

Datum:

Heutige Ausgaben:

Ausgegeben wofür:

Heutiges Essen:

Wichtige Notizen:

Datum:

Heutige Ausgaben:

Ausgegeben wofür:

Heutiges Essen:

Wichtige Notizen:

Datum:

Heutige Ausgaben:

Ausgegeben wofür:

Heutiges Essen:

Wichtige Notizen:

Datum:

Heutige Ausgaben:

Ausgegeben wofür:

Heutiges Essen:

Wichtige Notizen:

Datum:

Heutige Ausgaben:

Ausgegeben wofür:

Heutiges Essen:

Wichtige Notizen:

Datum:

Heutige Ausgaben:

Ausgegeben wofür:

Heutiges Essen:

Wichtige Notizen:

Datum:

Heutige Ausgaben:

Ausgegeben wofür:

Heutiges Essen:

Wichtige Notizen:

Datum:

Heutige Ausgaben:

Ausgegeben wofür:

Heutiges Essen:

Wichtige Notizen:

Datum:

_____

Heutige Ausgaben:

_____

Ausgegeben wofür:

_____

Heutiges Essen:

_____

Wichtige Notizen:

Datum:

Heutige Ausgaben:

Ausgegeben wofür:

Heutiges Essen:

Wichtige Notizen:

Datum:

Heutige Ausgaben:

Ausgegeben wofür:

Heutiges Essen:

Wichtige Notizen:

Datum:

Heutige Ausgaben:

Ausgegeben wofür:

Heutiges Essen:

Wichtige Notizen:

Datum:

Heutige Ausgaben:

Ausgegeben wofür:

Heutiges Essen:

Wichtige Notizen:

Datum:

Heutige Ausgaben:

Ausgegeben wofür:

Heutiges Essen:

Wichtige Notizen:

Datum:

Heutige Ausgaben:

Ausgegeben wofür:

Heutiges Essen:

Wichtige Notizen:

Datum:

Heutige Ausgaben:

Ausgegeben wofür:

Heutiges Essen:

Wichtige Notizen:

Datum:

Heutige Ausgaben:

Ausgegeben wofür:

Heutiges Essen:

Wichtige Notizen:

Datum:

Heutige Ausgaben:

Ausgegeben wofür:

Heutiges Essen:

Wichtige Notizen:

Datum:

Heutige Ausgaben:

Ausgegeben wofür:

Heutiges Essen:

Wichtige Notizen:

Datum:

Heutige Ausgaben:

Ausgegeben wofür:

Heutiges Essen:

Wichtige Notizen:

Datum:

Heutige Ausgaben:

Ausgegeben wofür:

Heutiges Essen:

Wichtige Notizen:

Datum:

Heutige Ausgaben:

Ausgegeben wofür:

Heutiges Essen:

Wichtige Notizen:

Datum:

Heutige Ausgaben:

Ausgegeben wofür:

Heutiges Essen:

Wichtige Notizen:

Datum:

Heutige Ausgaben:

Ausgegeben wofür:

Heutiges Essen:

Wichtige Notizen:

Datum:

Heutige Ausgaben:

Ausgegeben wofür:

Heutiges Essen:

Wichtige Notizen:

Datum:

Heutige Ausgaben:

Ausgegeben wofür:

Heutiges Essen:

Wichtige Notizen:

Datum:

Heutige Ausgaben:

Ausgegeben wofür:

Heutiges Essen:

Wichtige Notizen:

Datum:

Heutige Ausgaben:

Ausgegeben wofür:

Heutiges Essen:

Wichtige Notizen:

Datum:

Heutige Ausgaben:

Ausgegeben wofür:

Heutiges Essen:

Wichtige Notizen:

Datum:

Heutige Ausgaben:

Ausgegeben wofür:

Heutiges Essen:

Wichtige Notizen:

Datum:

Heutige Ausgaben:

Ausgegeben wofür:

Heutiges Essen:

Wichtige Notizen:

Datum:

Heutige Ausgaben:

Ausgegeben wofür:

Heutiges Essen:

Wichtige Notizen:

Datum:

Heutige Ausgaben:

Ausgegeben wofür:

Heutiges Essen:

Wichtige Notizen:

Datum:

Heutige Ausgaben:

Ausgegeben wofür:

Heutiges Essen:

Wichtige Notizen:

Datum:

Heutige Ausgaben:

Ausgegeben wofür:

Heutiges Essen:

Wichtige Notizen:

Datum:

Heutige Ausgaben:

Ausgegeben wofür:

Heutiges Essen:

Wichtige Notizen:

Datum:

Heutige Ausgaben:

Ausgegeben wofür:

Heutiges Essen:

Wichtige Notizen:

Datum:

Heutige Ausgaben:

Ausgegeben wofür:

Heutiges Essen:

Wichtige Notizen:

Datum:

Heutige Ausgaben:

Ausgegeben wofür:

Heutiges Essen:

Wichtige Notizen:

Datum:

Heutige Ausgaben:

Ausgegeben wofür:

Heutiges Essen:

Wichtige Notizen:

Datum:

Heutige Ausgaben:

Ausgegeben wofür:

Heutiges Essen:

Wichtige Notizen:

Datum:

Heutige Ausgaben:

Ausgegeben wofür:

Heutiges Essen:

Wichtige Notizen:

Datum:

Heutige Ausgaben:

Ausgegeben wofür:

Heutiges Essen:

Wichtige Notizen:

Datum:

Heutige Ausgaben:

Ausgegeben wofür:

Heutiges Essen:

Wichtige Notizen:

Datum:

Heutige Ausgaben:

Ausgegeben wofür:

Heutiges Essen:

Wichtige Notizen:

Datum:

Heutige Ausgaben:

Ausgegeben wofür:

Heutiges Essen:

Wichtige Notizen:

Datum:

Heutige Ausgaben:

Ausgegeben wofür:

Heutiges Essen:

Wichtige Notizen:

Datum:

Heutige Ausgaben:

Ausgegeben wofür:

Heutiges Essen:

Wichtige Notizen:

Datum:

Heutige Ausgaben:

Ausgegeben wofür:

Heutiges Essen:

Wichtige Notizen:

Datum:

Heutige Ausgaben:

Ausgegeben wofür:

Heutiges Essen:

Wichtige Notizen:

Datum:

Heutige Ausgaben:

Ausgegeben wofür:

Heutiges Essen:

Wichtige Notizen:

Datum:

Heutige Ausgaben:

Ausgegeben wofür:

Heutiges Essen:

Wichtige Notizen:

Datum:

Heutige Ausgaben:

Ausgegeben wofür:

Heutiges Essen:

Wichtige Notizen:

Datum:

Heutige Ausgaben:

Ausgegeben wofür:

Heutiges Essen:

Wichtige Notizen:

Datum:

Heutige Ausgaben:

Ausgegeben wofür:

Heutiges Essen:

Wichtige Notizen:

Datum:

Heutige Ausgaben:

Ausgegeben wofür:

Heutiges Essen:

Wichtige Notizen:

Datum:

Heutige Ausgaben:

Ausgegeben wofür:

Heutiges Essen:

Wichtige Notizen:

Datum:

Heutige Ausgaben:

Ausgegeben wofür:

Heutiges Essen:

Wichtige Notizen:

Datum:

Heutige Ausgaben:

Ausgegeben wofür:

Heutiges Essen:

Wichtige Notizen:

Datum:

Heutige Ausgaben:

Ausgegeben wofür:

Heutiges Essen:

Wichtige Notizen:

Datum:

Heutige Ausgaben:

Ausgegeben wofür:

Heutiges Essen:

Wichtige Notizen:

Datum:

Heutige Ausgaben:

Ausgegeben wofür:

Heutiges Essen:

Wichtige Notizen:

Datum:

Heutige Ausgaben:

Ausgegeben wofür:

Heutiges Essen:

Wichtige Notizen:

Datum:

Heutige Ausgaben:

Ausgegeben wofür:

Heutiges Essen:

Wichtige Notizen:

Datum:

Heutige Ausgaben:

Ausgegeben wofür:

Heutiges Essen:

Wichtige Notizen:

Datum:

Heutige Ausgaben:

Ausgegeben wofür:

Heutiges Essen:

Wichtige Notizen:

Datum:

Heutige Ausgaben:

Ausgegeben wofür:

Heutiges Essen:

Wichtige Notizen: